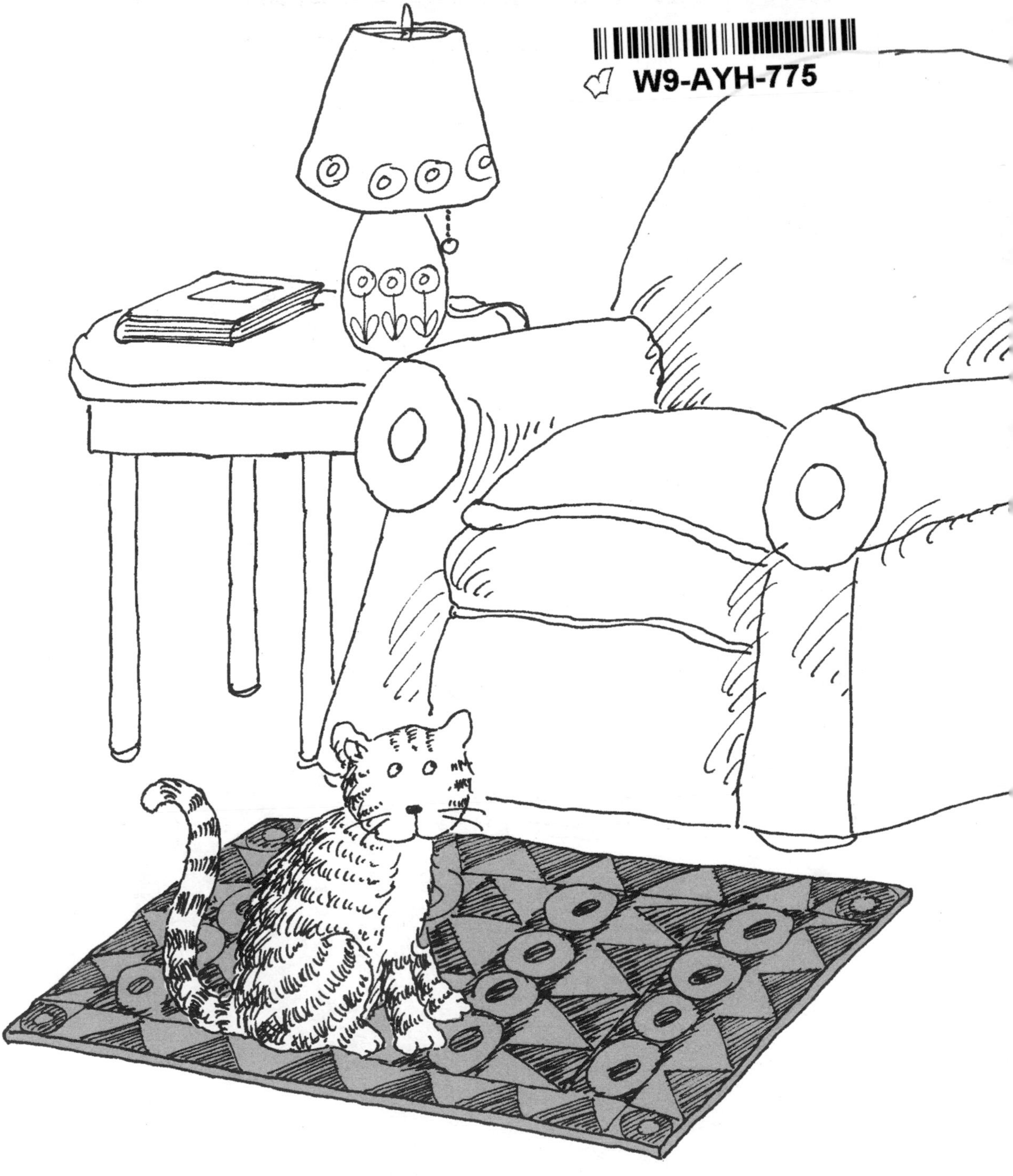

Cat sat on the mat.

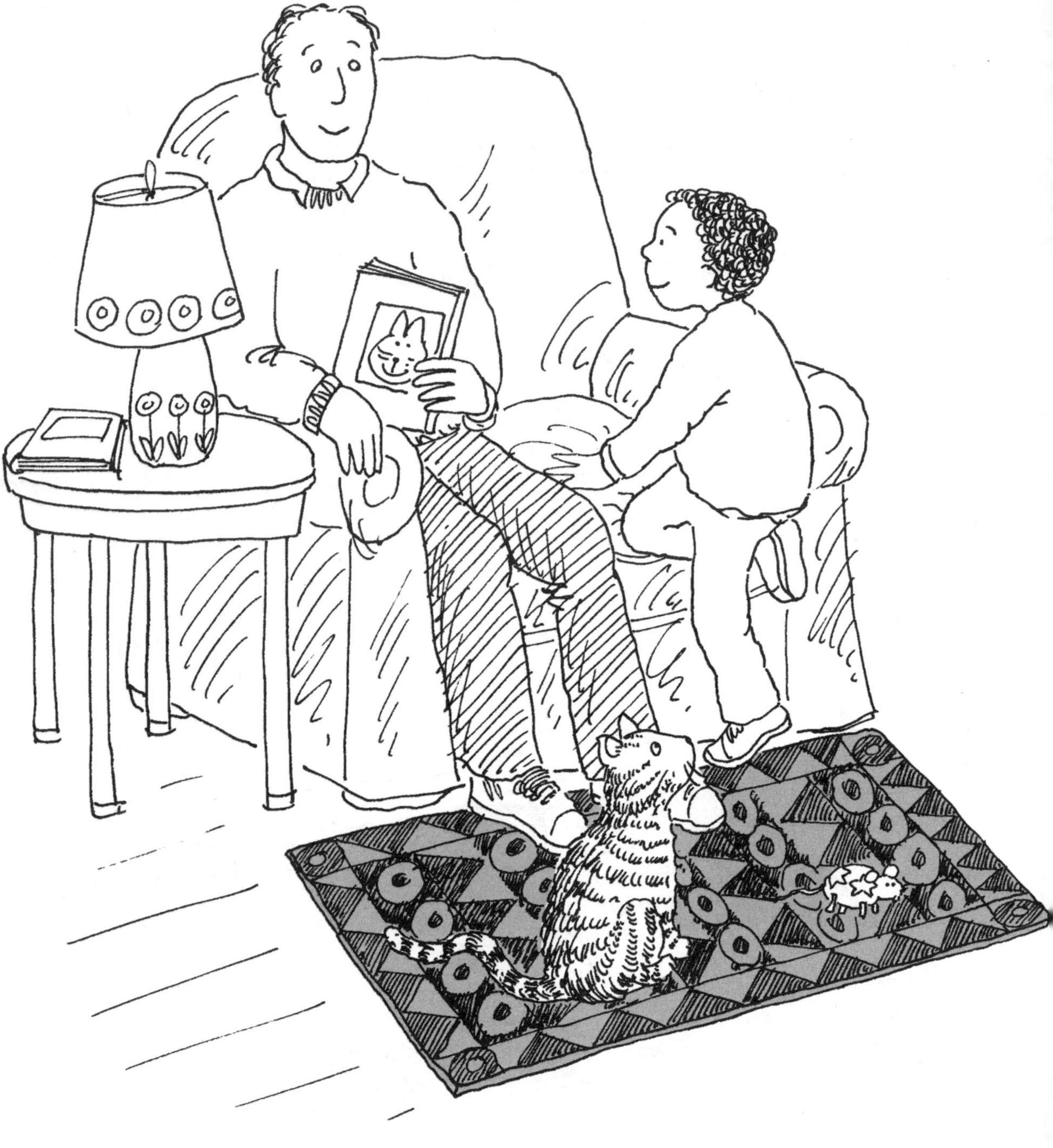

Cat sat.

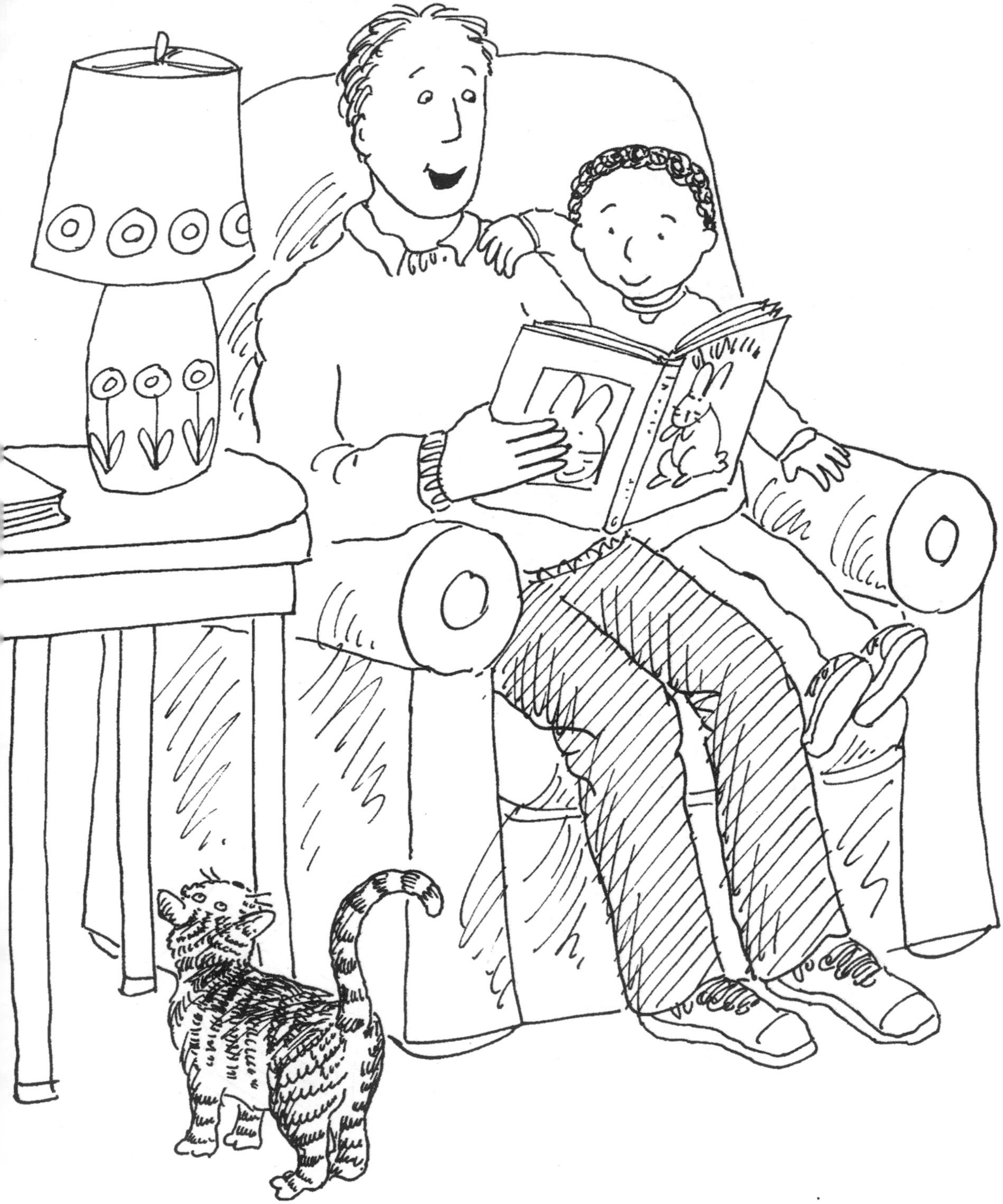

Ben sat.

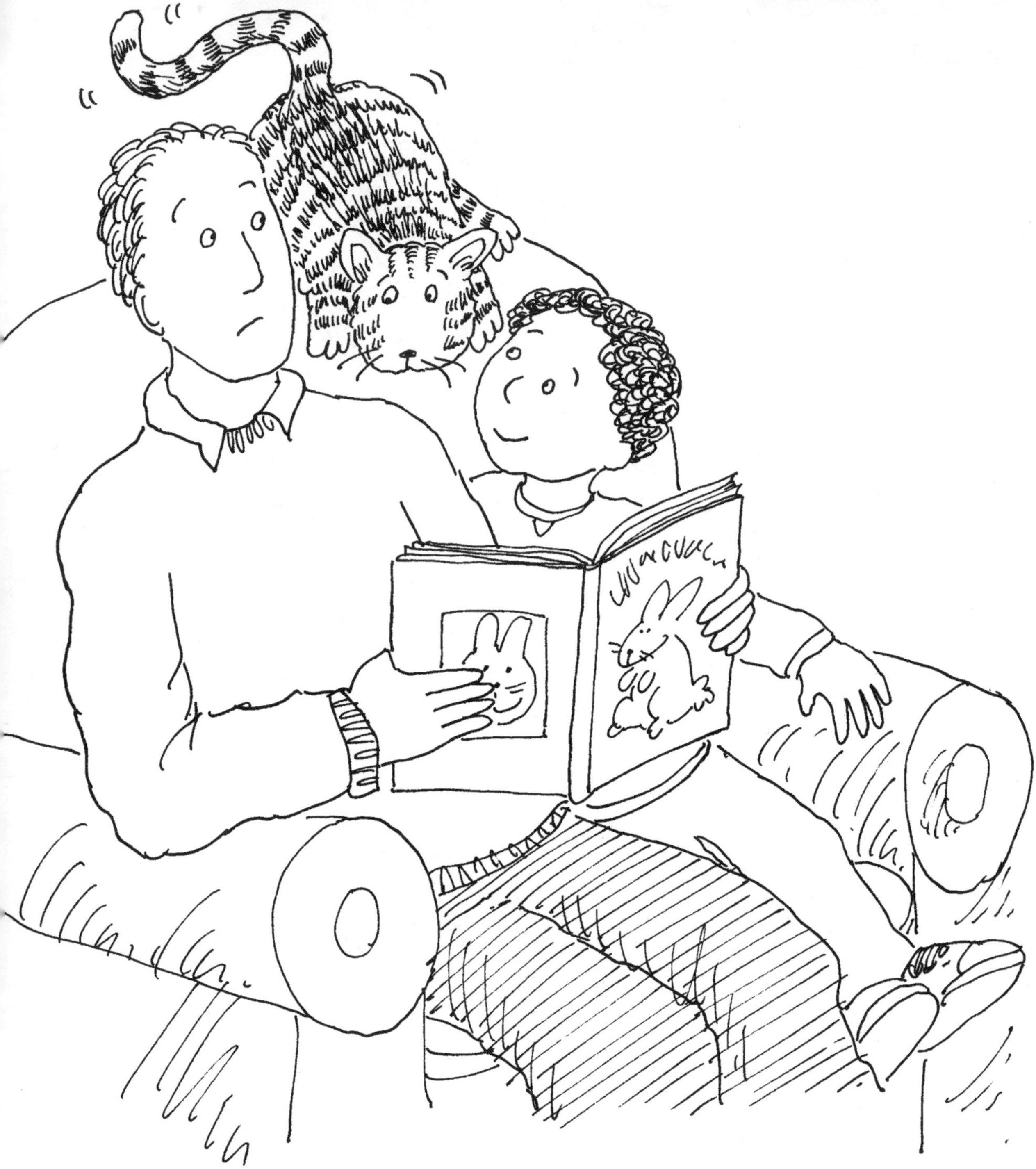

Cat sat.

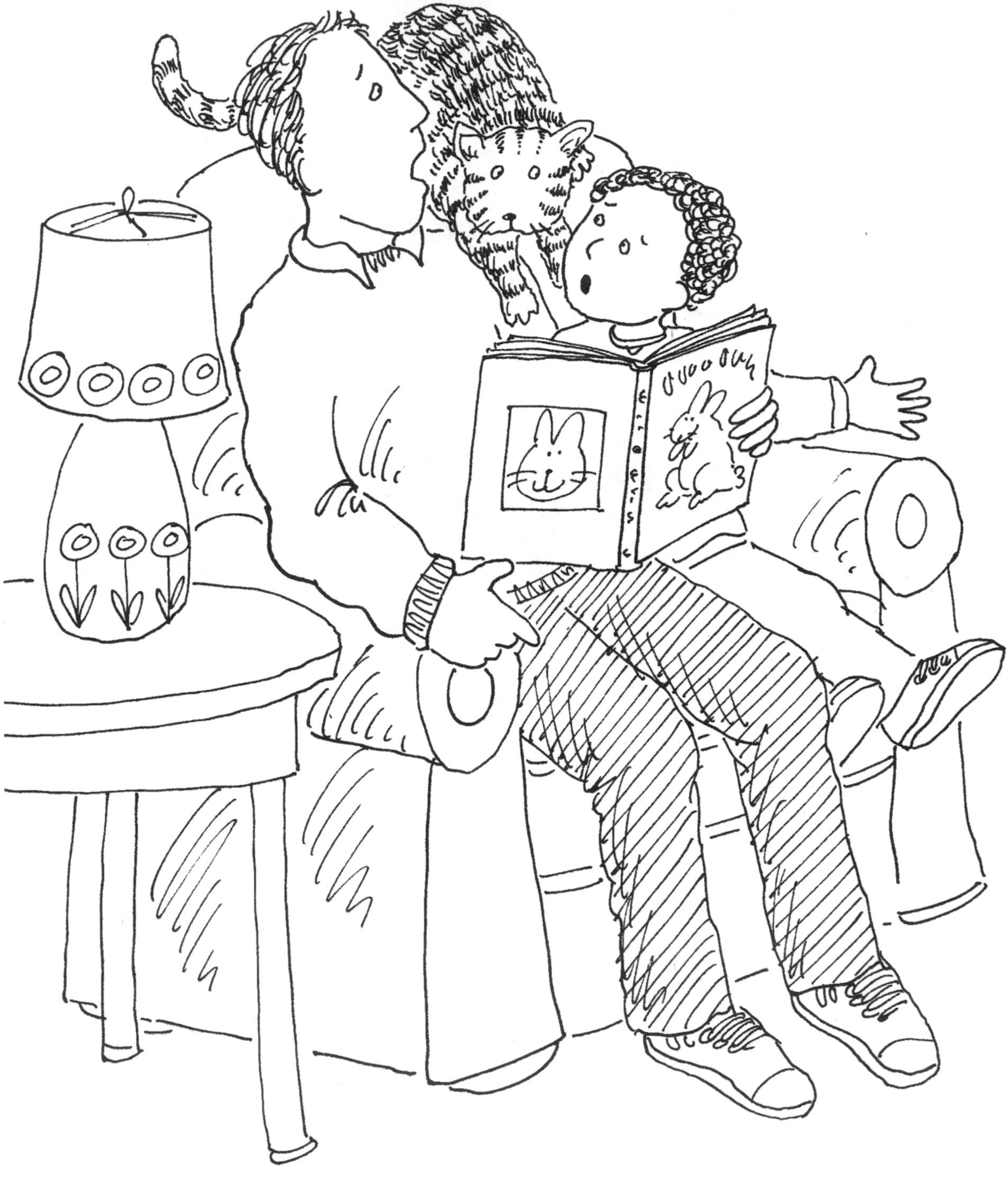

Cat, go!

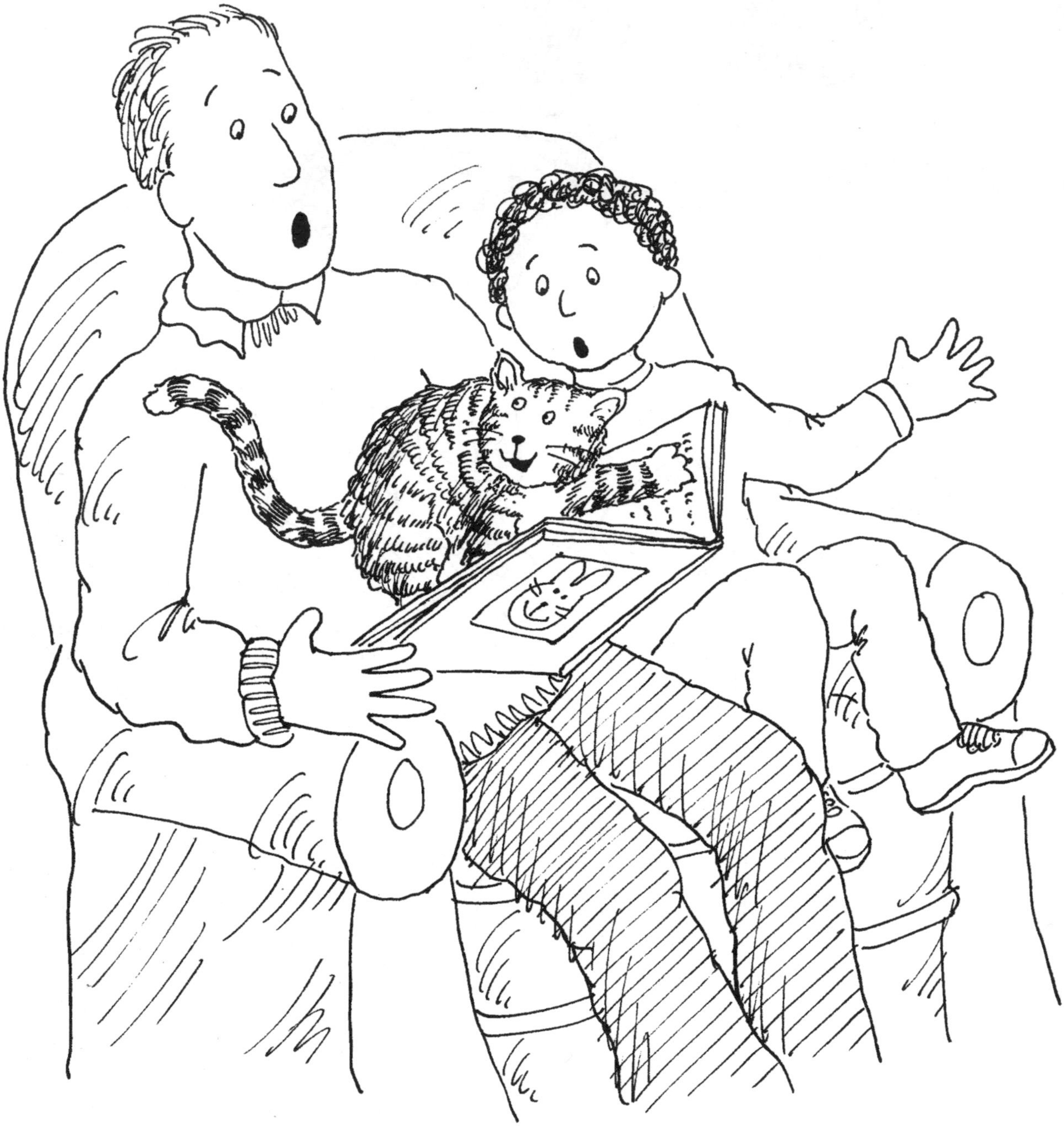

Cat sat on the book.

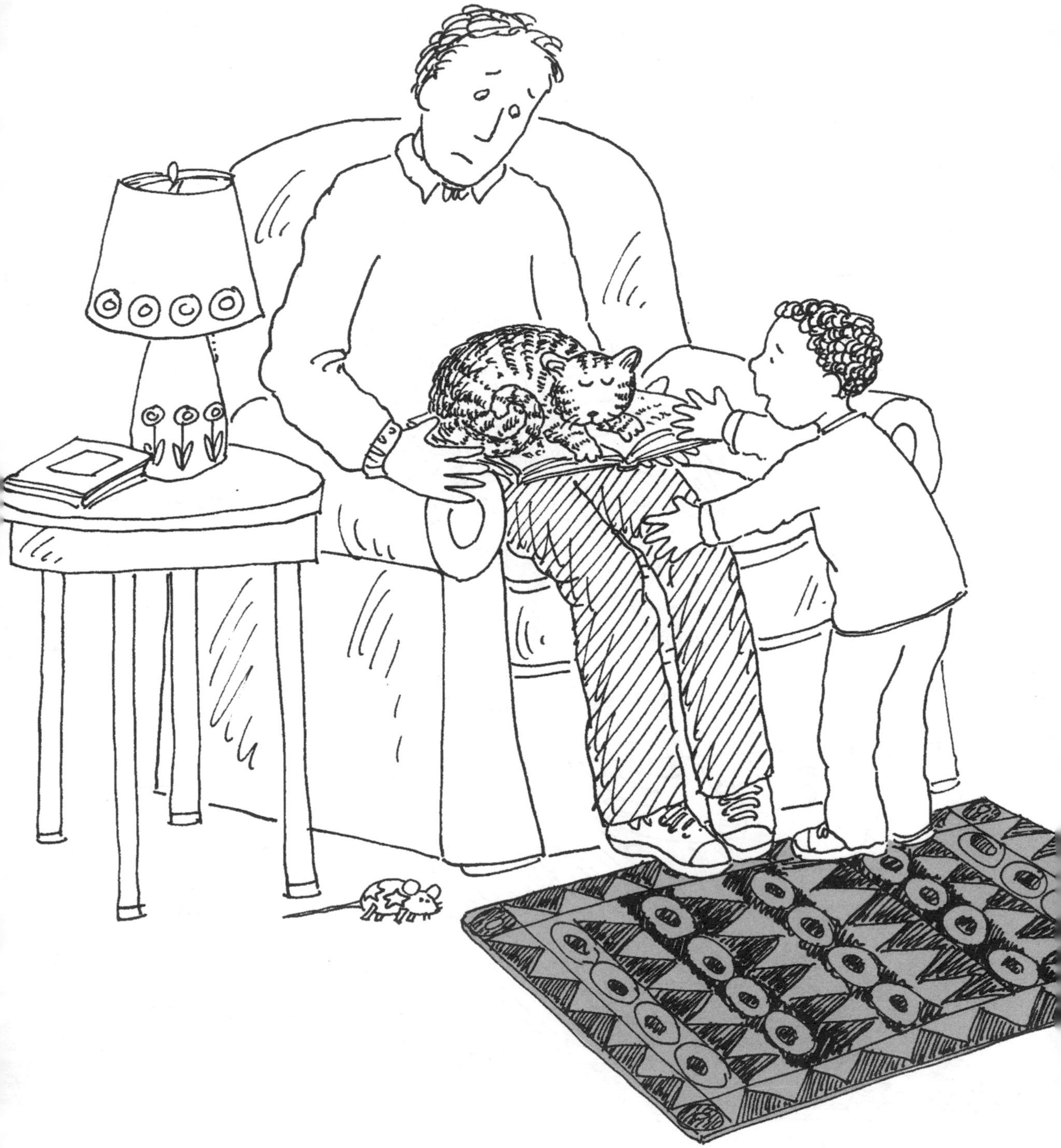

Cat, go!

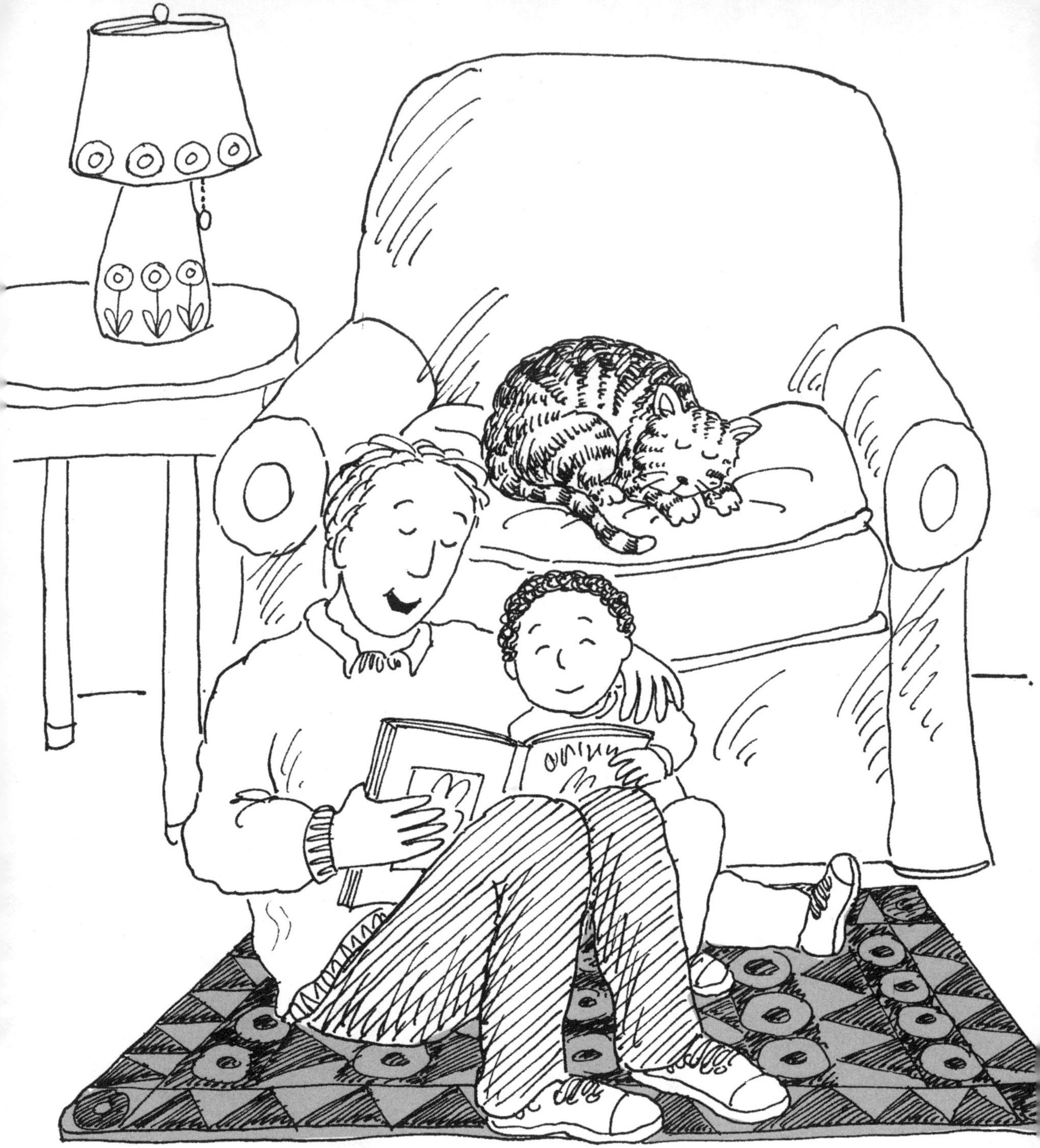

Cat sat, sat, sat.